# Obstkuchen

## von Kirschvergnügt bis Apfelfroh

> Autorin: **Claudia Schmidt** | Fotos: **Michael Brauner**

# Inhalt

## Die Theorie

## Die Rezepte

## Extra

*Saftige Früchte
und knuspriger Teig –
eine wundervolle
Kombination*

Entdecken Sie die Vielfalt von
Obstkuchen: sommerlich leichte,
nussig-rustikale, sahnig-aroma-
tische Kreationen – Kuchen aus
der Form und vom Blech, mit
Früchten obenauf und innen drin,
große und üppige Kuchen ebenso
wie kleine, fruchtig-süße Teilchen.
Kommen Sie vorher mit auf
einen Streifzug durch die Backstube und auf einen Besuch am
Obststand. Erfahren Sie außerdem Wissenswertes über die
verwendeten Teige sowie deren
zahlreiche fruchtige Partner.
Und damit in der Praxis auch
nichts schief geht, sehen Sie sich
vor dem Backen doch auch unser
Mini-Know-How auf S. 6 sowie
die 10 GU-Erfolgstipps auf den
letzten Seiten dieses Buches an.

# Teig-ABC

**Backpulverteig:** Der Kuchenteigklassiker aus den Hauptzutaten Fett, Zucker, Eier, Mehl und Milch. Für seine Lockerung ist vor allem das Backpulver verantwortlich. Wichtig ist, dass es vor der Zugabe in den Teig mit dem Mehl gemischt wird. Denn sonst gibt es seine Treibkraft gleich an den Teig ab, und der Kuchen geht im Backofen nicht mehr schön auf. Aus dem gleichen Grund darf der Teig nach der Mehl-Backpulver-Zugabe auch nicht mehr zu lange gerührt werden. Wenn Sie fertigen Kuchen aus Backpulverteig einfrieren wollen, packen Sie ihn vorher fest in Frischhaltefolie.

**Eischwerteig:** Der Name sagt es schon: Bei diesem Teig sind alle Zutaten Vielfache des Eigewichts, z. B. auf 1 Ei 1/2–1 eischwer Butter, 1 eischwer Zucker, 1 eischwer Mehl. Für die Teiglockerung sorgen fast ausschließlich die zur Schaummasse gerührten ganzen Eier. Geringe Mengen an Backpulver können unterstützend hinzugefügt werden. Eischwerteig ist der Teig der Wahl für feine Kuchen jeglicher Art. Achten Sie bei der Zubereitung darauf, dass alle Zutaten zimmerwarm sind.

**Quark-Öl-Teig:** Schnell, unkompliziert und höchst vielseitig: All diese Qualitäten besitzt Quark-Öl-Teig. Leicht gesüßt eignet er sich als Boden für Obstkuchen vom Blech ebenso wie für gefülltes Kleingebäck. Charakteristisch: der Quark im Teig. Er vor allem macht das Gebäck schön saftig. Kuchen und Teilchen aus Quark-Öl-Teig schmecken frisch am besten. Übrige Kuchenstücke lassen sich aber auch gut einfrieren: auftauen, kurz aufbacken – lecker!

**Mürbeteig:** Auch Mürbeteig ist ein einfacher Kandidat, besonders in der gerührten Form, bei der alle Zutaten mit dem Rührgerät verknetet werden. Dafür, dass er so wird, wie er heißt, nämlich mürbe, ist das Fett verantwortlich. Wichtig ist aber auch, dass alle Zutaten bei der Verarbeitung kalt bleiben. Daher wird bei den so genannten gebröselten Mürbeteigen die Butter erst mit dem Messer untergehackt und dann alles rasch verknetet. Mürbeteig lässt sich übrigens schon Stunden vor dem Backen zubereiten und kühl stellen.

# Teige mit spezieller Zubereitung

## Keks-/Bröselteige

In diesem Buch finden Sie verschiedene Arten von Keks- bzw. Bröselteigen aus Löffelbiskuits, Mürbekeksen oder auch Flocken-/Cornflakes-Mischungen. Sie sind ideal, wenn Sie sich das mehr oder weniger aufwändige Herstellen eines klassischen Teigs sparen wollen. Außerdem benötigen diese Teige meist nur sehr wenige Zutaten und sind daher prima Kandidaten für Spontanbäcker.

## Auflaufteig

Auch mit einem Auflaufteig kann man Obstkuchen backen – in dem hier vorgestellten Fall Küchlein (s. S. 50). Basis eines Auflaufteigs ist eine Milchbreimasse. Sie kann aus Grieß, Reis, Flocken, Polenta oder Graupen gekocht sein. Dieser Brei wird dann mit einer Butter-Zucker-Eischaum-Masse verfeinert und gelockert und anschließend gebacken.

## Hefeteig

Unkompliziert in punkto Zutaten und vielseitig verwendbar, liegt der einzige Nachteil dieses Teigs in seiner relativ langen Zubereitungszeit. Doch mit ein bisschen Erfahrung können Sie die Zubereitung gut zwischen andere Tätigkeiten einpassen.

## Biskuitteig

Für die Lockerung sorgen die reichlich enthaltenen Eier, die getrennt zu einer luftigen Schaummasse geschlagen werden. Wichtig ist, dass alle Zutaten nur locker untergehoben werden und der Teig sofort gebacken wird.

## Brandteig

Zwei Mal garen heißt die Devise: Brandteig wird erst gekocht, dann gebacken. Zunächst wird das Mehl in der kochenden Wasser-Fett-Mischung zum Kloß gerührt, dann kommen die Eier hinein. Brandteig ist super für Kleingebäck.

## Blätterteig

Blätterteig zuzubereiten ist aufwändig. Tiefgekühlter Blätterteig ist da eine schnelle, preiswerte und gelingsichere Alternative. Aber Achtung Neugierige: Den Backofen während der ersten Hälfte der Backzeit nicht öffnen, sonst sitzt der Teig zusammen.

# Mini-Know-How

## Aprikotieren

➤ Bei Obstkuchen mit obenauf liegenden großen Obststücken bietet es sich an, die Früchte zwecks der besseren Haltbarkeit nach dem Backen zu aprikotieren. Dazu Aprikosenmarmelade erhitzen, durch ein Sieb streichen und die Früchte damit dünn bestreichen.

## Backen

➤ Heißt es in einem Rezept zur Einschubhöhe »unten« bzw. »2. Schiene von unten« soll das bedeuten: Wenn Ihr Backofen nur drei Einschubmöglichkeiten hat, dann das Blech/Gitter unten einschieben, bei fünf Einschubmöglichkeiten auf der 2. Schiene von unten.

## Eier I

➤ Meist werden in den Rezepten Eier der Größe M verwendet. Werden keine ganzen Eier benötigt: Übrige Eigelbe kühl aufbewahren und z. B. zum Legieren von Suppen nehmen. Übrige Eiweiße portionsweise einfrieren und später für Baisermassen verwenden.

## Eier II

➤ Achtung: Eiweiß wird nicht mehr steif, sobald es mit Fett in Berührung kommt. Daher das Eiweiß möglichst immer vor dem Eigelb (fetthaltig) schlagen, so sparen Sie sich das Abwaschen von Schneebesen und Schüssel. Das geht nur, wenn der Eischnee gleich verwendet wird.

## Garprobe

➤ Bei höheren Teigen kann man von außen nicht sehen, ob der Kuchen bereits gar ist. Hier ist ein Test mit einem Holzstäbchen angebracht, das Sie an einer Stelle in den Teig stechen, wo keine Früchte sind. Klebt Teig daran, ist der Kuchen noch nicht durchgebacken.

## Gelatine

➤ Eingeweichte Gelatine beim Auflösen nicht zum Kochen bringen, sonst zieht sie Fäden. In die aufgelöste warme Gelatine am besten zuerst 2 EL von der Masse einrühren, die geliert werden soll, dann das Ganze unter die übrige Masse rühren. So klumpt die Gelatine nicht.

## Mehl

➤ Falls nicht anders angegeben, wird in den Rezepten Weizenmehl Type 405 verwendet. Wer keinen Weizen verträgt, kann dieses Mehl problemlos durch Dinkel(auszugs)mehl ersetzen.

## Sahne

➤ Sahne muss kühlschrankkalt sein, sonst wird sie nicht steif. Wird ein Kuchen nicht sofort gegessen, sollten Sie Sahne für Füllungen mit Gelatine steifen (4 Blatt in 3 EL Wasser aufgelöst auf 500 g).

## Zitrusfrüchte

➤ Zitrusfrüchte, von denen abgeriebene Schale benötigt wird, vorher heiß waschen und gut trockenreiben. Als Ersatz gekauftes Zitrusschalen-Granulat (Zitro-/Orangeback) nehmen.

# Pannenhilfen

## Backpapier verrutscht

➤ Damit das Backpapier da bleibt, wo Sie es haben wollen, das Backblech an den Ecken leicht einfetten und dann erst das Backpapier auflegen.

## Backpulvertest

➤ Folgender Test gibt darüber Aufschluss, ob altes Backpulver noch gut ist: 1 Teelöffel Backpulver in 1 Tasse heißes Wasser geben. Wirft es viele Blasen, können Sie das übrige Backpulver bedenkenlos verwenden.

## Grieseliger Mürbeteig

➤ … entsteht, wenn das Mehl zu lange untergearbeitet wurde, so dass sich Fett und Mehl voneinander getrennt haben. Abhilfe: 1 gut gekühltes Eiweiß in kleinen Portionen unterarbeiten, damit der Teig beim Backen nicht brandig wird.

## Kuchen geht nicht aus der Form

➤ Hartnäckige Kandidaten lassen sich leichter aus der Form lösen, wenn Sie ein feuchtes Küchentuch kurze Zeit um die Form wickeln.

## Marzipan spröde

➤ Ältere Marzipanrohmasse ist manchmal spröde. Damit sie wieder geschmeidig wird und Sie sie ausrollen können, verkneten Sie sie mit etwas Rum, Eiweiß und Puderzucker.

## Obstkuchen nässen durch

➤ Was geschehen ist, ist leider geschehen! Beim nächsten Mal den Boden vor dem Belegen mit gemahlenen Mandeln oder Haselnüssen bestreuen oder mit erwärmter, durchgestrichener Aprikosenkonfitüre bestreichen.

## Rührteig gerinnt

➤ … wenn die Eier nicht die gleiche Temperatur wie die Fett-Zucker-Creme haben. Der Trick: Stellen Sie die Rührschüssel in ein warmes Wasserbad, und rühren Sie den Teig wieder glatt.

## Sahne wird nicht steif

➤ … wenn sie zu warm ist. Ist sie noch nicht geronnen, die Sahne in eine Metallschüssel umfüllen und im Gefrierfach kurz abkühlen lassen. Danach langsam weiterschlagen.

## Unreifes Obst

➤ Ist das Obst, das Sie zum Backen verwenden wollen, noch nicht reif, marinieren Sie es einige Zeit in Likör und tupfen es danach mit Küchenpapier gut trocken.

# Backen mit Obst

## 1 | Weiche Beeren

Aromatische **Erdbeeren** – Voraussetzung für gelungene Erdbeerkuchen – erkennen Sie an ihrem intensiven Duft und weniger an der Farbe. Erdbeeren fühlen sich auf dem Kuchen solo oder in Kombination mit säuerlichem Obst wohl. An Geschmackszutaten harmonieren Vanille, Zitrusnoten und Mandeln.

**Himbeeren** sind ein ausgesprochen zarter, süßer Kuchenbelag, der nicht mit stark aromatischen anderen Zutaten kombiniert werden sollte, da diese das Eigenaroma der Beeren übertönen würden. Sie passen sehr gut in oder auf Sahne. Himbeeren sind sehr empfindlich – daher möglichst nicht waschen, sondern nur verlesen.

**Brombeeren** sind zum Backen super geeignet, da sie durch das Garen noch an Aroma gewinnen. In Beerenmischungen sind sie wohlschmeckende und optisch attraktive Farbtupfer. Wenn Sie mit ihnen Sahne oder Quarkmischungen für Kuchenbeläge verfeinern, benötigen Sie unbedingt vollreife Beeren.

## 2 | Feste Beeren

Roh genossen ein eher saures Geschmackserlebnis, sind **Johannisbeeren** auf Kuchen Genuss pur. Ihr säuerliches Aroma verbindet sich ideal mit der Süße von Boden (z. B. Mürbeteig) und Belag (z. B. Baiser). Johannisbeeren am besten mit einer Gabel von den Stielen streifen. Ähnliches gilt für **Stachelbeeren**. Hier sollten Sie vor der Verwendung als Kuchenbelag Stiele und am besten auch die Blütenansätze entfernen.

## 3 | Steinobst

Unter den **Kirschen** eignen sich Sauerkirschen am besten

> 3 *Nach dem Zwetschgenentsteinen die Hände mit Zitronensaft reinigen.*

zum Backen, denn Süßkirschen verlieren beim Garen ihr Aroma. Auf Obstkuchen vertragen Kirschen eine intensiv-aromatische Begleitung (z. B. Schokolade oder Mohn), man kann sie aber nur schlecht mit anderen Obstsorten mischen.

**Zwetschgen** eignen sich entsteint super zum Einfrieren. So können Sie sich während der Zwetschgenzeit einen Vorrat anlegen, mit dem Sie auch außerhalb der Saison Kuchen mit den blauen Früchten backen können. Zwetschgen, Nüsse und Zimt sind eine ideale Kombination.

**Pfirsiche**, **Aprikosen** und **Nektarinen** eignen sich wegen ihres charakteristischen, aber wenig dominanten zartsüßen bis leicht säuerlichen Eigengeschmacks hervorragend für

> 1 *Die druckempfindlichen Beeren nach dem Putzen sofort weiterverarbeiten.*

# Backen mit Obst

Obstmischungen. Wenn Sie die Früchte enthäuten möchten: Am Boden kreuzweise einschneiden, kurz in kochendes Wasser geben, bis sich die Haut kräuselt, kalt abschrecken und die Haut abziehen.

## 4 | Kernobst

**Äpfel** sind die Klassiker beim Backobst – zum Backen gut geeignete Sorten sind Boskop, Cox Orange, Granny Smith und Gravensteiner. Äpfel harmonieren mit jeder Art von Nüssen, mit säuerlichen Geschmacksnoten (Zitronenschale, Quark) sowie mit Vanillearoma.

Für **Birnen**kuchen eignen sich besonders die Sorten Conference, Kaiser Alexander

4   *Damit sich Apfelstücke nicht verfärben, mit Zitronensaft beträufeln.*

und Williams Christ. Mit ihrem zarten, süßen Eigengeschmack vertragen Birnen nicht allzu viel an weiteren Aromen. Sehr gut passen Mandeln, Vanille und eine Prise Zimt oder Kardamom. Damit sich geschälte Äpfel und Birnen nicht so stark verfärben, bepinseln oder beträufeln Sie sie am besten mit etwas Zitronen- oder Orangensaft, sofern Sie das Obst nicht sofort weiterverarbeiten können.

## 5 | Rhabarber

Botanisch gesehen gehört der Rhabarber zum Gemüse, in der Backstube wird er allerdings wie Obst verwendet. Vor allem Freilandrhabarber muss nach dem Waschen und Putzen wegen seiner zähen Haut meist noch geschält werden. Sein herb-säuerliches Aroma harmoniert sowohl mit Zitrusnoten als auch mit süßen Gewürzen wie z. B. Zimt. Sehr fein schmeckt er auch mit einem süßen Baiserbelag. Übrigens: Roh und ungeschält lässt sich Rhabarber prima einfrieren.

5   *Das Schälen von Rhabarber ist nur bei Freilandware nötig.*

## 6 | Melonen

Zuckermelonen sind als Kuchenobst eher ungewöhnlich und auch nur in Kuchencremes zu verwenden, die nicht mitgebacken werden. Wegen ihres erfrischenden Aromas sollten Sie aber unbedingt einmal den Melonen-Quark-Kuchen (s. S. 36) versuchen. Ein sehr feines Aroma haben die Melonensorten Charentais und Cantaloupe.

## 7 | Weintrauben

Weintrauben sind auf dem Kuchen am liebsten Solisten und harmonieren sehr gut mit Nüssen und Mandeln sowie einer Prise Muskatnuss. Bevorzugen Sie zum Backen kernlose Sorten. Weintrauben vor der Verwendung gründlich lauwarm abbrausen.

# Warenkunde Südfrüchte und Exoten

**Ananas** ... haben gelbes saftiges Fleisch mit süß-saurem Aroma. Im Erzeugerland werden sie meist grünreif geerntet. Zwar reifen sie während des Transports nach, doch das Aroma von vollreif geernteten Früchten erreichen sie nicht. Für die Backstube ist daher Konservenware eine prima Alternative, denn die Früchte wurden vollreif geerntet und bald verarbeitet. Achtung: Ananas enthalten das Eiweiß spaltende Enzym Bromelin, das Gelatinemassen nicht fest werden lässt. Darum für Ananas-Gelatine-Füllungen die Ananasstücke vorher kochen und so das Enzym inaktivieren oder Dosenware verwenden.

**Grapefruits** ... haben ihren Namen (Traubenfrucht) daher, dass sie wie Trauben zusammen am Baum hängen. Man unterscheidet hellfleischige und rotfleischige Grapefruits. Erstere haben eine leuchtend gelbe Schale und sehr saftiges Fruchtfleisch, das erfrischend säuerlich mit einer deutlichen herben Note schmeckt. Rotfleischige Grapefruits schmecken milder und süßer und eignen sich damit bestens zum Kuchenbacken. Sie sind bereits von außen an ihrer rötlich gefärbten Schale erkennbar.

**Karambola/Sternfrüchte** ... sehen aufgeschnitten wie große, gelbgrüne Sterne aus, daher auch ihr deutscher Name. Die Frucht an sich wird etwa 12 cm lang und hat fünf scharfkantige Längsrippen, deren äußere Ecken sich mit zunehmender Reife braun verfärben. Das Fruchtfleisch ist saftig und von aromatisch saurem Geschmack. Sowohl die Schale als auch die wenigen Kernchen im Inneren können mitgegessen werden. Braun verfärbte Ecken wegschneiden, sie sind bitter. Sternfrüchte, die mehr grün als gelb sind, sind noch unreif – diese im Gemüsefach des Kühlschranks einige Tage nachreifen lassen.

**Kiwis** ... haben ein grünes Fruchtfleisch, das mit den Kernen und der weißen Mittelachse gegessen wird. Im Geschmack ähnelt es einer Mischung aus Stachelbeere, Melone und Erdbeere. Kiwis werden meist noch nicht ganz ausgereift bzw. hart angeboten. Am schnellsten reifen sie nach, wenn man sie mit Äpfeln bei Zimmertemperatur lagert. Da auch Kiwis ein Eiweiß spaltendes Enzym enthalten, muss man sie vor der Verwendung mit Gelatine kurz kochen. Kiwis vertragen sich aus dem gleichen Grund auch nicht gut mit Quark und Sahne, sie lassen die Speisen bitter werden.

**Kumquats** ... die kleinsten unter den essbaren Zitrusfrüchten, sind orangefarben, länglich oval und werden höchstens zwetschgengroß. Man isst sie mit der dickfleischigen Schale, aber entkernt. Kumquats, die in Scheiben geschnitten zum Backen verwendet werden, sollten immer entkernt werden. Man bekommt Kumquats in gut sortierten großen Supermärkten mit Exoten-Stand in der Obstabteilung. Im Gemüsefach des Kühlschranks halten sich die Früchte einige Tage frisch.

**Mangos** ... sind in fast jedem Supermarkt in guter Qualität zu bekommen. Die pfirsichähnlich schmeckenden Früchte haben eine ledrige Schale, in der Farbe je nach Sorte von grüngelb bis orangerot, und ein kräftig gelbes Fruchtfleisch, das an dem großen flachen Stein festgewachsen ist. Reifekennzeichen: ein aromatischer Geruch, kleine dunkle Punkte auf der Schale, das Fleisch gibt auf leichten Druck nach. Reife Früchte kühl und dunkel aufbewahren und bald verbrauchen. Unreif gekaufte Exemplare reifen bei Zimmertemperatur nach.

**Passionsfrucht** ... das ist der Oberbegriff für eine ganze Gattung. Bei uns werden unter diesem Namen die runde, pflaumengroße Purpurgranadilla mit braunvioletter Schale und die etwas größere, ovale Maracuja angeboten. Unreif sind Maracujas grün- und reif gelbschalig. Die Schale schrumpft mit zunehmender Reife lederartig. Bei beiden Arten wird das säuerliche Fruchtfleisch mitsamt den Samenkernen, die das gesamte Innere der Frucht ausfüllen, ausgelöffelt. Zum Backen streicht man das Innere der Frucht am besten durch ein Sieb.

**Physalis / Kapstachelbeeren** ... sind gelborangefarbene, etwa kirschgroße Beeren, die von pergamentartigen Hüllblättern umschlossen sind. Wenn man diese zurückbiegt, wird aus den Früchten eine attraktive essbare Deko. Das sehr saftige Fruchtfleisch der Physalis schmeckt aromatisch und mild süßsäuerlich, an Stachelbeeren und Ananas erinnernd. Die kleinen weichen Samen werden mitgegessen. Physalis kann man gut auf Vorrat kaufen, dann sollte man allerdings die Beeren aus der Hülle lösen. Auch zum Einfrieren eignen sich die Beeren gut.

11

# Klassiker mit Pfiff

Altbewährtes in pfiffigen Abwandlungen heißt die Devise in diesem Kapitel: So manches Rezept wird Ihnen irgendwie bekannt vorkommen, denn als Grundlage dienten klassische Verbindungen von Zutaten und Aromen. Und sicher ist auch eine Anregung dabei, Rezepte aus Großmutters Backbuch auf eigene Faust zu variieren.

# Blitzrezepte

## Pfirsichkuchen

FÜR 1 BACKBLECH (20 STÜCK)

➤ 250 g Butter │ 250 g Zucker │ 1 Prise
Salz │ 1 TL abgeriebene Zitronenschale
4 Eier │ 200 g Marzipanrohmasse
400 g Mehl │ 2 1/2 TL Backpulver
3 Dosen Pfirsichhälften (je 470 g netto)

1 │ Butter mit Zucker, Salz, Zitronenschale
schaumig rühren. Eier einzeln unterrühren. Marzipan klein schneiden, mit Mehl
und Backpulver unterrühren. Teig auf ein
mit Backpapier belegtes Blech streichen.

2 │ Abgetropfte Pfirsiche darauf verteilen.
Den Kuchen im vorgeheizten Ofen (200°,
Mitte; Umluft 180°) 30–40 Min. backen,
10 Min. ruhen lassen. Den Kuchen nach
Belieben aprikotieren.

## Kirsch-Mohn-Schnitten

FÜR 1 BACKBLECH (24 STÜCK)

➤ 1 Packung Mohnmischung (250 g)
5 Eier │ 2 EL Kirschgeist (ersatzweise
Kirschsaft aus dem Glas) │ 300 g Mehl
1 Pck. Backpulver │ 150 g Zucker
2 EL Kakao │ 175 g weiche Butter
2 Gläser Sauerkirschen (je 370 g netto)
Puderzucker zum Bestäuben

1 │ Alle Zutaten außer den Kirschen in
einer Rührschüssel mit den Knethaken des
Rührgeräts gut vermengen.

2 │ Teig auf ein mit Backpapier belegtes
Blech streichen und die abgetropften Kir-
schen darauf verteilen. Im vorgeheizten
Ofen (200°, Mitte; Umluft 180°) 30 Min.
backen, lauwarm abkühlen lassen und mit
Puderzucker besieben.

### Klassiker auf neue Art

# Zwetschgen- kuchen nach Linzer Art

FÜR 1 SPRINGFORM VON
26 CM Ø (12 STÜCK)

➤ 200 g Mehl
(+ etwas zum Ausrollen)
175 g Zucker
1/2 TL Zimtpulver
1 Prise gemahlene Nelken
1 TL abgeriebene Zitronenschale
200 g gemahlene Mandeln
150 g kalte Butter
(+ etwas für die Form)
2 Eier | 1 EL Rum
750 g Zwetschgen

🕐 Zubereitung: 1 Std.
🕐 Backzeit: 45 Min.
➤ Pro Stück: ca. 350 kcal

1 | Mehl, Zucker, Gewürze,
Zitronenschale und Mandeln
mischen. Die Butter in Stückchen, 1 Ei und Rum hinzufü-
gen. Alles rasch verkneten.
Zwei Drittel des Teiges in die
gefettete Form drücken, dabei
einen 2 cm hohen Rand for-
men. Beide Teigportionen
30 Min. kalt stellen.

2 | Inzwischen Zwetschgen
waschen, längs aufschneiden
und entsteinen. Das übrige Ei
trennen, das Eigelb verquirlen. Ofen auf 200° vorheizen.

3 | Zwetschgen auf den Teig
in der Form legen. Übrigen
Teig etwas größer als die Form
ausrollen, in 1 cm breite Streifen schneiden. Den Kuchen git-
terartig damit belegen. Teig-
gitter und -rand mit Eigelb
bestreichen. Den Kuchen im
Backofen (Mitte, Umluft 180°)
40–45 Min. backen.

### frisch am besten

# Johannisbeer- Baiser-Kuchen

FÜR 1 SPRINGFORM VON
26 CM Ø (12 STÜCK)

➤ 2 Eier
100 g weiche Butter
(+ etwas für die Form)
150 g flüssiger Honig
200 g Weizen-Vollkorn-
mehl | 1 TL Backpulver
1 Prise Salz
150 ml Buttermilch
500 g Johannisbeeren
100 g gemahlene
Haselnüsse

🕐 Zubereitung: 45 Min.
🕐 Backzeit: 45 Min.
➤ Pro Stück: ca. 250 kcal

1 | Die Eier trennen. Die
Form fetten. Den Backofen
auf 180° vorheizen. (Umluft
ist hier nicht praktikabel.)
Butter schaumig schlagen,
dabei 75 g Honig nach und
nach dazugeben. Nacheinan-
der die beiden Eigelbe zugeben und weiterrühren, bis die
Masse sehr schaumig ist.

2 | Mehl mit Backpulver und
Salz mischen und abwech-
selnd mit der Buttermilch in
die Buttermasse rühren. So
viel Buttermilch dazugeben,
dass der Teig schwer reißend
vom Löffel fällt. Teig in die
Form füllen, glatt streichen
und in den heißen Backofen
(Mitte) schieben; in etwa
25 Min. hellgelb backen.

3 | Johannisbeeren waschen
und von den Stielen streifen.
Eiweiße fast steif schlagen,
übrigen Honig zugeben, noch
kurz weiterschlagen. Die Nüsse vorsichtig unterheben.

4 | Die Beeren auf dem Boden
verteilen, den Nuss-Schnee
darüber verstreichen und den
Kuchen mit ausschließlich
Unterhitze noch etwa 20 Min.
backen, bis die Oberfläche
leicht gebräunt ist.

gut vorzubereiten

# Schwarzwälder Kirschküchlein

FÜR 1 BACKBLECH
(6 STÜCK)

➤ 5 Eier

150 g Zucker

75 g Mehl

125 g Speisestärke

25 g Kakao

2 Msp. gemahlene Vanille (Reformhaus oder Naturkostladen; ersatzweise Vanillezucker)

1 Glas Sauerkirschen (370 g netto)

400 g Sahne

2 EL Kirschwasser (ersatzweise Kirschsaft aus dem Glas)

50 g Schokoladenraspel

🕐 Zubereitung: 1 Std.
🕐 Backzeit: 15 Min.
🕐 Kühlzeit: mind. 30 Min.
➤ Pro Stück: ca. 600 kcal

1 | Den Backofen auf 180° vorheizen. Die Eier trennen. Die Eiweiße steif schlagen, dann 125 g Zucker esslöffelweise einrieseln lassen; dabei schlagen, bis der Eischnee glänzend und schnittfest ist.

2 | Die Eigelbe mit 2 TL Wasser schaumig schlagen. Mehl, 65 g Stärke, Kakao und 1 Msp. gemahlene Vanille mischen und mit dem Eischnee rasch unter den Eigelbschaum heben. Ein Blech mit Backpapier belegen, den Teig darauf glatt streichen.

3 | Den Biskuit im heißen Ofen (Mitte, Umluft 160°) etwa 15 Min. backen, noch heiß auf ein mit dem restlichen Zucker bestreutes Tuch stürzen. Das Backpapier mit einem feuchten Tuch abreiben und vorsichtig abziehen.

4 | Die Kirschen in ein Sieb über einem kleinen Topf abgießen und abtropfen lassen. 12 Kirschen für die Garnitur beiseite legen.

5 | Die restliche Stärke mit etwa 8 EL Kirschsaft verrühren. Den übrigen Kirschsaft aufkochen, die Stärkelösung und 1 Msp. gemahlene Vanille einrühren. Alles unter Rühren ein Mal aufkochen, etwas abkühlen lassen und für mindestens 30 Min. in den Kühlschrank stellen.

6 | Gegen Ende der Kühlzeit für den Kirschpudding aus der Biskuitplatte 12 etwa 9 cm große Kreise ausstechen. (Alternativ den Biskuit in Quadrate schneiden.) Sahne sehr steif schlagen. Das Kirschgelee mit den Schneebesen des Rührgeräts durchrühren und zwei Drittel der Sahne vorsichtig unterheben.

7 | Sechs der Biskuitböden mit Kirschwasser beträufeln. Die Kirschen darauf verteilen und mit der Kirschsahne bestreichen. Die übrigen Biskuitkreise auflegen.

8 | Jedes Törtchen an den Seiten und oben mit etwas von der restlichen Sahne bestreichen. Mit Schokoraspeln bestreuen, obenauf je 2 Kirschen setzen.

saftig | preiswert

# Apfel-Quark-Kuchen

FÜR 1 BACKBLECH
(20 STÜCK)

➤ 1 unbehandelte Zitrone
750 g trockener Mager-quark
160 ml Sonnenblumenöl
3 EL Milch | 6 Eier
100 g flüssiger Honig
300 g Weizen-Vollkorn-mehl (+ 2 EL für den Guss + etwas für die Arbeits-fläche)
2 geh. TL Backpulver
100 g Sonnenblumenkerne
1 kg säuerliche Äpfel

🕐 Zubereitung: 55 Min.
🕐 Backzeit: 35 Min.
➤ Pro Stück: ca. 220 kcal

1 | Von der Zitrone die Schale abreiben, den Saft auspressen. 150 g Quark mit 60 ml Öl, Milch, 1 Ei, 20 g Honig und der Hälfte der Zitronenschale verrühren. 300 g Mehl mit dem Backpulver unterkneten. 30 Min. ruhen lassen.

2 | Sonnenblumenkerne hell-braun rösten. Äpfel schälen, vierteln, putzen, in Schnitze schneiden und mit dem

Zitronensaft vermischen. Den Ofen auf 200° vorheizen.

3 | Übrige Eier trennen. Eigel-be mit restlichem Quark und Honig, der übrigen Zitronen-schale, 2 EL Mehl und 80 g Öl verrühren. Die Eiweiße steif schlagen, unterheben.

4 | Den Teig auf wenig Mehl ausrollen, auf ein mit Backpa-pier belegtes Blech legen, bis zum Rand drücken. Dünn mit Öl bestreichen, mit Äpfeln belegen. Die Quarkmasse darüber verteilen, Sonnen-blumenkerne darauf streuen. Den Kuchen im Ofen (Mitte, Umluft 180°) 30 Min. backen, noch 5 Min. im ausgeschalte-ten Ofen ruhen lassen.

macht was her

# Birnenkuchen

FÜR 1 SPRINGFORM VON
26 CM Ø (12 STÜCK)

➤ 1 kg mittelgroße Birnen
200 g Zucker
1/4 TL gemahlener Kardamom | 80 g Mehl
100 g Speisestärke
1 geh. TL Backpulver
1 Pck. Vanillezucker
2 Eier | 80 g weiche Butter

🕐 Zubereitung: 40 Min.
🕐 Backzeit: 1 Std.
🕐 Auskühlzeit: 20 Min.
➤ Pro Stück: ca. 220 kcal

1 | Den Ofen auf 190° vorhei-zen. Alufolie über die zusam-mengesetzte umgedrehte Springform legen, rundum andrücken. Die Folie in die Springform legen, die Form im Ofen heiß werden lassen.

2 | Birnen schälen, längs vier-teln, putzen. 60 g Zucker mit 60 ml Wasser und Kardamom bei mittlerer Temperatur flüs-sig werden lassen. Zucker unter Rühren auflösen, dann ohne Rühren hell karamelli-sieren lassen. In die Form gießen, unter Schwenken ver-teilen. Birnen darauf geben.

3 | Mehl, Stärke und Backpul-ver mischen, mit restlichem Zucker, Vanillezucker und Eiern zur Butter geben. Alles mit den Knethaken des Rühr-geräts verkneten.  Teig über die Birnen streichen. Im Ofen (Mitte, Umluft 170°) 1 Std. backen. In der Form 10 Min. abkühlen lassen, dann den Rand abnehmen, weitere 10 Min. abkühlen lassen. Auf eine Platte stürzen.

*im Bild vorne:* Birnenkuchen   *im Bild hinten:* Apfel-Quark-Kuchen ➤

für Gourmets | erfrischend
# Erdbeerkuchen mit Limettencreme

FÜR 1 SPRINGFORM VON
26 CM Ø (12 STÜCK)

➤ 115 g weiche Butter
  (+ etwas für die Form)
  5 Eier
  150 g Zucker
  80 g gemahlene Mandeln
  50 g Mehl
  (+ etwas für die Form)
  700 g Erdbeeren
  1 Limette
  40 g Puderzucker
  1 Pck. klarer Tortenguss
  25 g gehackte Pistazien

🕐 Zubereitung: 1 Std. 20 Min.
🕐 Backzeit: 20 Min.
➤ Pro Stück: ca. 260 kcal

1 | 40 g Butter zerlassen und wieder abkühlen lassen. Den Backofen auf 190° vorheizen. Die Springform fetten und mehlen. 4 Eier trennen.

2 | Die Eiweiße steif schlagen. 30 g Zucker einrieseln lassen und weiterschlagen, bis der Eischnee schnittfest und glänzend ist. Die Eigelbe mit etwa 60 g Zucker sehr schaumig schlagen, zuletzt

die zerlassene, abgekühlte Butter unterziehen.

3 | Den Eischnee auf den Eigelbschaum legen, Mandeln und Mehl darauf geben. Alles locker unterheben. Den Teig in die Form geben und im heißen Ofen (Mitte, Umluft 170°) etwa 20 Min. backen, bis er leicht gebräunt ist.

4 | Den Teigboden in der Form 5 Min. abkühlen lassen, dann aus der Form nehmen und auf einem Kuchengitter abkühlen lassen. Inzwischen die Erdbeeren waschen, putzen und gut abtropfen lassen. Große Beeren halbieren. Die Limette heiß waschen und trockenreiben. Die Schale abreiben und den Saft einer Hälfte auspressen.

5 | Das übrige ganze Ei mit dem restlichen Kristallzucker über einem heißen Wasserbad mit dem Schneebesen des Rührgeräts schaumig schlagen, bis die Masse dickcremig ist. Die Eiercreme dann über

einem kalten Wasserbad schlagen, bis sie wieder abgekühlt ist. Die restliche Butter schaumig rühren, 30 g Puderzucker und die Limettenschale unterrühren, die Eicreme löffelweise unterrühren.

6 | Den abgekühlten Kuchenboden oben und am Rand mit der Limettencreme bestreichen und darauf die Erdbeeren legen.

7 | Den Limettensaft mit Wasser auf 1/4 l ergänzen. Mit dieser Flüssigkeit, dem restlichen Puderzucker und dem Tortengusspulver nach Packungsanweisung einen Guss herstellen und diesen über die Erdbeeren geben.

8 | Den Kuchenrand mit Hilfe eines Messers oder Teigschabers mit Pistazien verzieren, den Rand oben mit den restlichen Pistazien bestreuen und den Guss fest werden lassen.

# Fruchtiges vom Blech

Die Obstkuchen in diesem Kapitel streben nicht in die Höhe, sondern kommen flach vom Blech. Und das hat viele Vorteile: Das Blech ist schnell vorbereitet und leicht gesäubert, und Blechkuchen sind beim Backen oft weniger »sensibel« als Kuchen aus der Form. Darum sind sie die optimalen Kandidaten für Backanfänger und eignen sich obendrein super zum Einfrieren.

# Blitzrezepte

## Aprikosenkuchen

FÜR 1 BACKBLECH (16 STÜCK)

➤ 100 g zarte Haferflocken │ 200 g streichfähige Butter (+ etwas für das Blech) │ 1 Prise Salz │ 200 g Zucker 1 Pck. Vanillezucker │ 3 Eier 250 g Mehl │ 1 1/2 TL Backpulver 5 EL Milch nach Bedarf │ 2 Dosen Aprikosenhälften (je 480 g netto)

1 │ Haferflocken rösten. Butter schaumig rühren, Salz, Zucker und Vanillezucker esslöffelweise zugeben. Eier einzeln unterrühren. Flocken, Mehl und Backpulver unterrühren, so viel Milch zugeben, dass der Teig schwer reißend vom Löffel fällt.

2 │ Den Teig auf das gefettete Blech streichen. Abgetropfte Aprikosen darauf verteilen. Den Kuchen im heißen Ofen (220°, Mitte; Umluft 200°) 30 Min. backen.

## Buttermilchkuchen

FÜR 1 BACKBLECH (12 STÜCK)

➤ 300 g Stachelbeeren │ 200 g Brombeeren │ 3 Eier │ 275 g Buttermilch 350 g Mehl │ 1 Pck. Backpulver 200 g Zucker │ 1 Pck. Vanillezucker 50 g Mandelblättchen

1 │ Die Beeren verlesen. Eier und Buttermilch verquirlen. Mehl, Backpulver, 150 g Zucker und Vanillezucker mischen. Die Eier-Buttermilch dazugießen, alles kurz, aber gründlich miteinander vermengen.

2 │ Den Teig auf das mit Backpapier belegte Blech streichen, Beeren darauf verteilen, mit Mandeln und restlichem Zucker bestreuen. Den Kuchen im Backofen (180°, Mitte; Umluft 160°) 30–35 Min. backen.

**gelingt leicht**

# Pfirsich-Heidelbeer-Kuchen

FÜR 1 BACKBLECH
(20 STÜCK)

➤ 5 Pfirsiche (600 g)
200 g Heidelbeeren
275 g Löffelbiskuits
6 Eier (Größe L)
1 Prise Salz
30 g weiche Butter
abgeriebene Schale von
1/2 unbehandelten Zitrone
1 EL Aprikosenlikör
(ersatzweise weißer Rum)
Puderzucker zum
Bestäuben

⏱ Zubereitung: 40 Min.
⏱ Backzeit: 25 Min.
➤ Pro Stück: ca. 110 kcal

1 | Den Ofen auf 200° vorheizen. Ein Blech mit Backpapier belegen. Pfirsiche waschen, entsteinen und in schmale Schnitze schneiden. Die Heidelbeeren verlesen.

2 | Die Löffelbiskuits sehr fein zerbröseln (s. S. 65). Die Eier trennen. Eiweiße mit dem Salz sehr steif schlagen. Eigelbe mit Butter und abgeriebener Zitronenschale schaumig schlagen. Biskuitbrösel und

Likör von Hand untermischen. Eischnee unterheben.

3 | Den Teig auf das Backblech streichen, Pfirsichspalten darauf legen. Die Heidelbeeren dazwischen verteilen. Den Kuchen im heißen Ofen (Mitte, Umluft 180°) etwa 25 Min. backen. Mit Puderzucker bestäubt servieren.

**Klassiker | preiswert**

# Rhabarber-Erdbeer-Kuchen mit Baiser

FÜR 1 BACKBLECH
(16 STÜCK)

➤ 1 kg Rhabarber
250 g weiche Butter
(+ etwas für das Blech)
250 g Zucker
1 Pck. Vanillezucker
1 Ei
125 g Mehl (Type 405)
125 g Weizen-Vollkornmehl
2 TL Backpulver
250 g Erdbeeren
3 Eiweiße

⏱ Zubereitung: 35 Min.
⏱ Backzeit: 25 Min.
➤ Pro Stück: ca. 260 kcal

1 | Den Backofen auf 180° vorheizen. Das Backblech fetten. Den Rhabarber waschen und putzen, wenn nötig schälen, und dann in 3–4 cm lange Stücke schneiden.

2 | Die Butter schaumig rühren. Unter Rühren nach und nach 100 g Zucker, Vanillezucker und zuletzt 1 Ei zugeben. Beide Mehlsorten mit dem Backpulver mischen und esslöffelweise unterrühren.

3 | Den Teig auf das Backblech streichen, den Rhabarber darauf verteilen. Den Kuchen im Ofen (Mitte, Umluft 160°) etwa 25 Min. backen.

4 | Inzwischen die Erdbeeren waschen und putzen. Eiweiße steif schlagen, dabei den übrigen Zucker esslöffelweise zugeben. Den Eischnee in einen Spritzbeutel mit weiter Tülle geben.

5 | Nach etwa 20 Min. Backzeit den Eischnee gitterförmig über den Rhabarber spritzen, die Erdbeeren in den Zwischenräumen verteilen und den Kuchen fertig backen, bis das Baiser leicht gebräunt ist.

für Gäste | fettarm
# Himbeer-Nektarinen-Schnitten

FÜR 1 BACKBLECH
(12 STÜCK)
➤ 8 Eier
  210 g Zucker
  100 g Mehl
  1 TL Backpulver
  130 g Speisestärke
  450 ml kalte Milch
  3 EL Aprikosenlikör
  (ersatzweise Fruchtsaft)
  200 g Himbeerkonfitüre
  250 g Himbeeren
  (ersatzweise aufgetaute,
  abgetropfte TK-Beeren)
  4 kleine reife Nektarinen

◷ Zubereitung: 1 Std.
◷ Backzeit: ca. 20 Min.
➤ Pro Stück: ca. 285 kcal

1 | Den Backofen auf 180° vorheizen. Ein tiefes Blech mit Backpapier auslegen.

2 | 6 Eier trennen. Die Eigelbe in eine Rührschüssel geben und beiseite stellen. Die Eiweiße in eine Rührschüssel geben und mit 4 EL Wasser steif schlagen, dann 100 g Zucker esslöffelweise einrie-seln lassen. Dabei schlagen, bis der Eischnee glänzend und schnittfest ist.

3 | Die Eigelbe mit 4 EL warmem Wasser und 60 g Zucker sehr schaumig schlagen. Den Eischnee auf die Eigelbmasse geben. Mehl mit Backpulver und 100 g Stärke mischen und über den Eischnee geben. Alles mit zwei Gabeln locker mischen; nicht rühren!

4 | Den Teig auf dem Blech verstreichen und im heißen Ofen (Mitte, Umluft 160°) in 15–20 Min. goldgelb backen. Den Biskuit auf dem Blech etwas abkühlen lassen.

5 | Inzwischen die beiden übrigen Eier trennen. Die Eiweiße steif schlagen und beiseite stellen. Die Eigelbe mit dem übrigen Zucker schaumig schlagen und die Masse in einen Topf geben. Die restliche Stärke und die Milch unterrühren. Alles unter Rühren ein Mal aufkochen lassen, von der Kochstelle nehmen und den Likör oder Fruchtsaft einrühren. Zuletzt den Eischnee unterrühren und die Creme für 30 Min. in den Kühlschrank stellen.

6 | Unterdessen die Himbeerkonfitüre erwärmen und den Biskuit damit bestreichen.

7 | Die Himbeeren verlesen. Die Nektarinen waschen, abtrocknen, entsteinen und in schmale Spalten schneiden.

8 | Die gekühlte Creme auf dem Biskuit verstreichen und Himbeeren und Nektarinen dekorativ darauf verteilen.

**TIPP** Die Creme können Sie zusätzlich mit 1/4 Vanilleschote verfeinern. Das Mark herauskratzen und zusammen mit der Schote vor dem Aufkochen in die Milch geben. Die Schote aus der Milch nehmen, bevor der Eischnee untergezogen wird.

frisch am besten

# Obst-Pizza

FÜR 16 STÜCK

- ➤ 250 g Mehl (+ etwas zum Ausrollen)
  1/2 Pck. Trockenhefe
  1 Prise Salz │ 75 g Butter
  150 g Crème fraîche
  60 g Zucker
  5 Eier (Größe S)
  400 g gemischtes Obst
  200 g Mascarpone
  1 Pck. Vanillesaucenpulver

- ⏱ Zubereitung: 1 Std. 30 Min.
- ⏱ Backzeit: ca. 40 Min.
- ➤ Pro Stück: ca. 240 kcal

1 │ Mehl, Hefe und Salz mischen. 50 g Butter bei schwacher Hitze gerade eben zerlassen, sofort vom Herd nehmen, 60 g Crème fraîche einrühren. Die Mischung zusammen mit 1–2 EL Zucker und 2 Eiern zum Mehl geben. Alles zu einem glatten Teig verarbeiten; zugedeckt etwa 45 Min. gehen lassen.

2 │ Die restliche Butter zerlassen. Den Teig kurz durchkneten, auf dem Backpapier mit Hilfe von wenig Mehl zu einem großen Kreis von etwa 32 cm Ø ausrollen. Den Rand etwas einrollen, festdrücken. Den Teig mit einer Gabel mehrmals einstechen, mit der Butter bestreichen und etwa 10–15 Min. gehen lassen.

3 │ Inzwischen den Backofen auf 200° vorheizen, ein Blech mit Backpapier belegen. Das Obst vorbereiten, nach Bedarf klein schneiden. Die restliche Crème fraîche mit Mascarpone, übrigen Eiern, restlichem Zucker und dem Vanillesaucenpulver verrühren. Die Mischung auf den Teig geben und das Obst darauf verteilen. Pizza im Ofen (Mitte, Umluft 180°) 30–40 Min. backen.

schnell │ preiswert

# Erdbeer-Calzone

FÜR 8 STÜCK

- ➤ 1 Packung Pizzateig (230 g, bereits rund ausgerollt, aus dem Kühlregal)
  60 g Butter
  300 g Erdbeeren
  1 Ei │ 125 g Magerquark
  1 Pck. Vanillepuddingpulver
  4 EL Zucker
  50 g Aprikosenkonfitüre
  3 EL Mandelblättchen

- ⏱ Zubereitung: 20 Min.
- ⏱ Backzeit: 15 Min.
- ➤ Pro Stück: ca. 230 kcal

1 │ Den Ofen auf 250° vorheizen. Den Teig mit dem Backpapier auf dem Blech ausbreiten. Die Butter zerlassen und den Teig mit etwa der Hälfte davon bestreichen.

2 │ Erdbeeren waschen, putzen, klein schneiden. Das Ei trennen. Eigelb mit Quark, Puddingpulver und 2 EL Zucker verrühren. Eiweiß steif schlagen, unterziehen. Die Erdbeeren unterrühren.

3 │ Den Teig mit 1–2 EL Zucker bestreuen, die Erdbeermasse mittig darauf geben, etwas verstreichen. Den Teig auf die Hälfte zusammenklappen, die Ränder zusammendrücken. Die Oberfläche mit zerlassener Butter bestreichen. Die Calzone im heißen Backofen (Mitte, Umluft 220°) 15 Min. backen. Dabei ein bis zwei Mal mit zerlassener Butter bestreichen.

4 │ Die Calzone mit erhitzter Aprikosenkonfitüre bestreichen, mit Mandeln bestreuen.

für Gourmets | saftig

# Trauben-Nuss-Kuchen

FÜR 1 SPRINGFORM VON
26 CM Ø (12 STÜCK)

➤ 100 g Walnusskerne

500 g helle kernlose
Weintrauben

50 g zarte Haferflocken

150 g Butter
(+ etwas für die Form)

80 g Zucker

3 Eier (Größe L)

150 g Mehl
(+ etwas für die Form)

2 TL Backpulver

200 g Sahne

1 Pck. Vanillezucker

🕐 Zubereitungszeit: 35 Min.
🕐 Backzeit: 1 Std.
➤ Pro Stück: ca. 300 kcal

1 | Von den Walnüssen 12 ganze Hälften zurückbehalten, den Rest mahlen. Die Weintrauben waschen, trockentupfen und von den Stielen zupfen.

2 | Den Backofen auf 175° vorheizen. Den Springformboden mit Backpapier auslegen, den Springformrand fetten und mehlen. Die Haferflocken in einer trockenen Pfanne unter Wenden anrösten, bis sie duften.

3 | Die Butter in einer Rührschüssel mit den Schneebesen des Rührgeräts schaumig rühren, bis sie Spitzen zeigt. Dann abwechselnd Zucker und Eier gut unterrühren.

4 | Das Mehl mit den gemahlenen Walnüssen, den Haferflocken und dem Backpulver mischen und unterrühren. Zuletzt Trauben untermengen. Den Teig in die Form geben, glatt streichen und im heißen Ofen (unten, Umluft 160°) etwa 1 Std. backen (Garprobe; s. S. 6) Nach etwa 30 Min. die Backofentemperatur auf 190° (Umluft 170°) erhöhen.

5 | Den fertigen Kuchen in der Form 10 Min. abkühlen lassen dann auf einer Platte vollständig auskühlen lassen.

6 | Kurz vor dem Servieren die Sahne mit dem Vanillezucker steif schlagen und den Kuchen damit sowie mit den zurückbehaltenen Walnüssen verzieren.

> 1 **Haferflocken rösten**
*Die Haferflocken in einer trockenen Pfanne unter Wenden anrösten.*

> 2 **Schaumige Butter**
*Die Butter schaumig rühren, bis sie Spitzen zeigt.*

> 3 **Garprobe**
*Der Kuchen ist gar, wenn am Holzstäbchen kein Teig kleben bleibt.*

# Obstkuchen aus der Form

Kuchenformen braucht man insbesondere für weiche Teige, die auf dem Blech zerlaufen würden, sowie für Kuchen, die hoch aufgehen sollen. Aber auch flache Blätterteigplatten machen sich in der Form gebacken gut, da sie so einen optisch attraktiven Rand erhalten. So groß das Sortiment an Backformen ist, so vielfältig sind die darin gebackenen Kuchen: mal rund, mal rechteckig, mal in Form einer flachen Pie, mal als Gugelhupf. Die einen kommen ganz schlicht daher, andere schon fast mit Ambitionen zur Torte ...

# Blitzrezepte

## Schoko-Kirsch-Kuchen

FÜR 1 SPRINGFORM VON 26 CM Ø

➤ 1 Glas Sauerkirschen (680 g netto)
200 g Kuvertüre │ 100 g Butter
5 EL Milch │ 4 Eier, getrennt
1 Prise Salz │ 100 g Zucker
200 g Mehl │ 1 TL Backpulver
100 g gemahlene Haselnüsse

1 │ Kirschen abtropfen lassen. Kuvertüre
und Butter in der Milch schmelzen. Form
mit Backpapier auslegen. Eiweiße mit Salz
steif schlagen. Eigelbe mit Zucker cremig
rühren. Kuvertüre, dann Mehl, Backpulver,
Nüsse einrühren, Eischnee unterheben.

2 │ Den Teig in die Form geben, darauf die
Kirschen. Den Kuchen im heißen Ofen
(175° Umluft, unten) 50–60 Min. backen.

## Bananen-Apfel-Kuchen

FÜR 1 KASTENFORM VON CA. 1 1/2 L

➤ 225 g Mehl (+ etwas für die Form) │ 2 TL
Backpulver │ 1 Prise Salz │ 2 TL Zitronenschale │ 170 g Rohrzucker │ 120 g
sehr kalte Butter (+ etwas für die Form)
1 kleiner Apfel │ 3 EL Zitronensaft
1 große Banane │ 75 g Rosinen │ 1 Ei

1 │ Mehl, Backpulver, Salz, Zitronenschale
und Zucker mischen. Butter in Stückchen
einarbeiten, bis die Mischung bröselig ist.
Apfel schälen, putzen und raspeln, 2 EL
Zitronensaft untermischen. Banane mit
1 EL Zitronensaft zerdrücken, mit Apfel,
Rosinen und Ei auf die Brösel geben.

2 │ Alles verrühren, in der vorbereiteten
Form glatt streichen. Den Kuchen im
heißen Backofen (180°, Mitte; Umluft
160°) 1 Std. backen.

Klassiker auf neue Art
# Buchweizenbiskuit mit Himbeercreme

FÜR 1 SPRINGFORM VON
26 CM Ø (12 STÜCK)

➤ 250 g Himbeeren
(ersatzweise aufgetaute,
abgetropfte TK-Beeren)

4 Eier

100 g flüssiger Honig
(Blüten- oder Kleehonig)

100 g fein gemahlenes
Buchweizenmehl
(Reformhaus oder Natur-
kostladen)

1 TL Backpulver

70 g gemahlene
Haselnüsse

6 Blatt Gelatine

375 g Dickmilch

60 g Puderzucker
(+ etwas zum Bestäuben)

100 g Sahne

◷ Zubereitung: 60 Min.
◷ Gelierzeit: 3 Std.
◷ Backzeit: 30 Min.
➤ Pro Stück: ca. 200 kcal

1 | Den Backofen auf 175° Um-
luft vorheizen. (Ober-/Unter-
hitze ist hier nicht praktikabel.) Den Springformboden
mit Backpapier auslegen und
die Form zusammensetzen.
Die Himbeeren verlesen.

2 | Die Eier in eine Schüssel
schlagen und mit den Schneebesen des Rührgeräts in etwa
2 Min. zu einer cremigen
weißen Masse schlagen. 4 EL
Wasser dazugeben und den
Schaum weitere 2 Min. schlagen. Den Honig unterrühren.

3 | Das Buchweizenmehl mit
dem Backpulver und 50 g gemahlenen Nüssen mischen
und vorsichtig unter die Masse heben; das geht am besten
mit zwei Gabeln.

4 | Den Teig in die Form
geben und im heißen Ofen
(unten) etwa 30 Min. backen
(Garprobe; s. S. 6). Den Kuchen in der Form etwas abkühlen lassen, dann auf ein
Gitter stürzen, das Backpapier
abziehen und den Kuchen
vollständig abkühlen lassen.

5 | Während der Kuchen im
Ofen ist, die Cremefüllung
zubereiten: Die Gelatine ein-
weichen. Himbeeren pürie-
ren und durch ein feines Sieb
streichen. Die Dickmilch und

den Puderzucker unter das
Himbeerpüree rühren.

6 | Die Gelatine tropfnass in
einen kleinen Topf geben und
bei milder Hitze auflösen.
2 EL von der Himbeer-Dickmilch einrühren und die
Mischung schnell unter die
restliche Himbeer-Dickmilch
rühren. Für etwa 10 Min. in
den Kühlschrank stellen, bis
die Masse zu gelieren beginnt.

7 | Sahne steif schlagen und
unter die Himbeer-Dick-
milch-Creme ziehen. Diese
wieder zurück in den Kühlschrank stellen. Den abge-
kühlten Kuchen ein Mal
horizontal durchschneiden.
Um die untere Hälfte einen
Tortenring legen, den Boden
mit den übrigen Nüssen bestreuen. Die Creme darauf
verstreichen, den Deckel auf-
setzen und den Kuchen für
etwa 3 Std. kalt stellen. Zum
Servieren mit Puderzucker
bestäuben.

saftig | ohne Backen

# Melonen-Quark-Kuchen

FÜR 1 SPRINGFORM VON
24 CM Ø (12 STÜCK)

➤ 1 Zuckermelone

2 Pck. Götterspeise mit Zitronengeschmack

300 g Erdbeeren

75 g Zucker

1 unbehandelte Zitrone

750 g Sahnequark

175 g Vollkorn-Mürbekekse

50 g weiche Butter

1 Pck. klarer Tortenguss

🕐 Zubereitung: 1 Std.

🕐 Kühlzeit: 4 Std. 30 Min.

➤ Pro Stück: ca. 265 kcal

1 | Die Melone halbieren und entkernen. Das Fruchtfleisch einer Hälfte pürieren und mit Wasser auf 550 ml auffüllen. 300 ml davon mit dem Götterspeisepulver verrühren, den Rest für den Guss beiseite stellen.

2 | Die Erdbeeren waschen und einige für die Dekoration beiseite legen. Die restlichen Beeren putzen, große Exemplare halbieren oder vierteln.

Aus der übrigen Melonenhälfte mit einem Kugelausstecher Kügelchen ausstechen.

3 | Die Götterspeise-Mischung erwärmen, bis sich das Pulver aufgelöst hat (nicht kochen!). 60 g Zucker darin auflösen, die Mischung etwas abkühlen lassen. Von der Zitrone die Hälfte der Schale abreiben und die Frucht auspressen.

4 | Quark, Zitronensaft und, -schale sowie Götterspeise-Mischung verrühren. Früchte unterheben und die Creme für etwa 30 Min. kalt stellen, bis sie zu gelieren beginnt.

5 | Die Kekse fein zerkrümeln und mit der Butter und 1 EL kaltem Wasser verkneten.

Den Teig auf dem Springformboden verteilen, andrücken und kühl stellen.

6 | Den Springformrand um den Boden legen, die gelierende Frucht-Quark-Götterspeise darauf glatt streichen. Den Kuchen für mindestens 4 Std. kühl stellen.

7 | Nach Ende der Kühlzeit aus der restlichen Melonen-Mischung, dem übrigen Zucker und dem Tortengusspulver nach Packungsanweisung einen Guss zubereiten. Die zurückbehaltenen Erdbeeren in Scheiben schneiden und dekorativ auf dem Kuchen verteilen, den Guss darüber geben und fest werden lassen.

TIPP

### Fruchtige Deko

Wer möchte, verziert den Kuchen zusätzlich noch am Rand mit Sahnetupfern und garniert diese mit Zitronenschalenstreifen. Dafür von einer unbehandelten Zitrone mit dem Sparschäler dünne Schalenbänder abziehen und diese in feinste Streifen schneiden. Diese nach Belieben noch kurz blanchieren, das macht sie weicher und mildert den bitteren Geschmack.

schnell | gelingt leicht

# Rhabarber-Tarte

FÜR 1 TARTEFORM VON
24 CM Ø (6 STÜCK)

- 2 rechteckige Scheiben
  TK-Blätterteig (je 75 g)
  400 g Rhabarber
  50 g Marzipanrohmasse
  150 g Crème fraîche
  1 Ei
  1 Msp. gemahlene Vanille
  (Reformhaus)
  etwas Mehl zum Ausrollen
  2 EL Puderzucker

🕐 Zubereitung: 30 Min.
🕐 Backzeit: 40 Min.
➤ Pro Stück: ca. 275 kcal

1 | Die Blätterteigscheiben auf-
tauen lassen. Den Boden der
Form mit Backpapier auslegen. Rhabarber waschen, putzen, klein schneiden. Den
Backofen auf 225° vorheizen.

2 | Das Marzipan grob ras-
peln und mit der Crème
fraîche, dem Ei und der
Vanille verrühren.

3 | Die Blätterteigscheiben
leicht überlappend nebenein-
ander legen und auf wenig
Mehl etwas größer als die

Form ausrollen. Den Teig in
die Form legen, mehrmals
einstechen. Den Rhabarber
darauf verteilen. Die Tarte im
heißen Ofen (Mitte, Umluft
200°) 20 Min. vorbacken.

4 | Rhabarber mit Puder-
zucker bestreuen, Marzipan-
guss darüber gießen. Die Tarte
(2. Schiene von unten) weitere
20 Min. backen, bis der Guss
leicht gebräunt ist.

Klassiker auf neue Art

# Stachelbeer-Gugelhupf

FÜR 1 GUGELHUPFFORM
VON 20 CM Ø (16 STÜCK)

- 250 g Stachelbeeren
  150 g weiche Butter
  (+ etwas für die Form)
  250 g Zucker | 4 Eier
  250 g Mehl
  (+ etwas für die Form)
  knapp 1/2 Pck. Backpulver
  ca. 60 ml Milch
  2 EL Grappa (ersatzweise
  Traubensaft)
  50 g Schokoladenpulver
  150 g gemahlene
  Haselnüsse

🕐 Zubereitung: 35 Min.
🕐 Backzeit: ca. 50 Min.
➤ Pro Stück: ca. 290 kcal

1 | Die Gugelhupfform fetten
und mehlen. Die Stachelbeeren waschen, putzen und
trockentupfen. Den Backofen
auf 180° vorheizen.

2 | Die Butter in eine Rühr-
schüssel geben und mit den
Schneebesen des Handrühr-
geräts cremig rühren. Zucker
löffelweise unterrühren.

3 | Nach und nach die Eier
unterrühren. Mehl und Backpulver mischen und löffelweise abwechselnd mit
4 EL Milch unterrühren.

4 | Von Hand Grappa, Scho-
kolade und Nüsse unterrühren und gerade so viel Milch
zugeben, dass der Teig schwer
reißend vom Löffel fällt.

5 | Etwa die Hälfte des Teigs
in die Form geben und die
Hälfte der Beeren darauf verteilen, dann den übrigen Teig
einfüllen und die restlichen
Beeren darüber verteilen und
leicht eindrücken.

6 | Den Kuchen im heißen
Ofen (Mitte, Umluft 160°)
45–50 Min. backen. In der
Form abkühlen lassen, dann
vorsichtig stürzen.

# Mit Südfrüchten und Exoten

Kuchen mit Südfrüchten und Exoten sind immer wieder ein besonderer Genuss. Sie können ein Kuchenbüfett optisch und geschmacklich erweitern und abrunden. Darüber hinaus sind Südfrüchte und Exoten aber auch eine gute Möglichkeit, außerhalb der Obstsaison – also vor allem im Winter und Frühjahr – in den Genuss von fruchtig-aromatischen und saftigen Kuchen zu kommen.

# Blitzrezepte

## Dunkler Ananaskuchen

FÜR 1 SPRINGFORM VON 24 CM Ø

➤ 5 Eier, getrennt | Saft von 1/2 Zitrone
200 g Butter (+ etwas für die Form)
200 g Zucker | 50 g gehackte Nüsse
200 g Mehl (+ etwas für die Form)
1/2 Pck. Backpulver | 40 g Schokopul-
ver | 1 Dose Ananasstücke (500 g netto)
Puderzucker zum Bestäuben

1 | Eiweiße mit Zitronensaft steif schlagen.
Butter schaumig rühren, nach und nach
Eigelbe und Zucker unterrühren. Nüsse,
Mehl, Backpulver und Schokopulver
mischen; mit den Ananas unterheben.

2 | Eischnee unterziehen. Teig in der vor-
bereiteten Form glatt streichen und im
heißen Ofen (180°, Mitte, Umluft 160°)
1 Std. backen. Den Kuchen mit Puderzucker bestäubt servieren.

## Physalis-Sahne-Kuchen

FÜR 12 STÜCK

➤ 4 Blatt weiße Gelatine | 60 ml starker
kalter Kaffee | 400 g Sahne | 75 g
Zucker | 1 Biskuitboden (Fertigpro-
dukt) | 4 EL Kaffeelikör | 2 Körbchen
Physalis

1 | Gelatine einweichen, ausdrücken und in
3 EL Kaffee auflösen. Den restlichen Kaffee
unterrühren. Sahne mit Zucker knapp steif
schlagen. Gelatinelösung zugeben und die
Sahne völlig steif schlagen.

2 | Biskuit mit Likör beträufeln, Kaffesahne
darauf verstreichen. Physalis aus den Hül-
len lösen, waschen, darauf verteilen. Den
Kuchen bis zum Servieren mindestens
45 Min. kalt stellen.

preiswert | ohne Backen

# Orangen-Sahne-Biskuit

**FÜR 12 STÜCK**

➤ **6 Blatt weiße Gelatine**

**3 kleine Orangen (davon 1 unbehandelt)**

**500 g Sahne**

**65 g Zucker**

**2 EL Orangenlikör (ersatzweise Orangensaft)**

**1 Biskuitboden (Fertigprodukt)**

**250 ml Orangensaft**

**1 Pck. klarer Tortenguss**

🕐 Zubereitung: 1 Std. 15 Min.

🕐 Kühlzeit: 1 Std. 30 Min.

➤ Pro Stück: ca. 185 kcal

1 | Die Gelatine einweichen. Von der unbehandelten Orange 2 TL Schale fein abreiben, von der übrigen Schale 1–2 Streifen abziehen.

2 | Die Gelatine ausdrücken, auflösen, abkühlen lassen.

3 | Die Sahne mit 3 EL Zucker steif schlagen, abgeriebene Orangenschale, Likör und Gelatine unterrühren. Ein Drittel der Sahne in einen Spritzbeutel mit weiter Sterntülle geben. Beide Sahneportionen kühl stellen.

4 | Alle Orangen dick schälen, dabei auch die weiße Haut entfernen. Die Früchte quer in etwa 5 mm dicke Scheiben schneiden und jede Scheibe in 12 Segmente schneiden.

5 | Die Sahne auf dem Biskuit verstreichen, 12 Stücke markieren und diese mit den Orangensegmenten belegen: Zuerst in der Mitte 12 Segmente zum Kreis legen, dann an jedes Orangenstück ein weiteres mit der Spitze nach außen zeigend anlegen. Die restlichen Orangenstücke auf dem Kuchen verteilen.

6 | Aus Orangensaft, restlichem Zucker und Tortenguss nach Packungsanweisung einer Guss zubereiten und gleichmäßig über die Orangen verteilen. Den Kuchen 1 1/2 Std. kühl stellen.

7 | Inzwischen die Orangenschalenstreifen fein hacken. Den Kuchen mit der restlichen Sahne verzieren, diese mit Orangenschale bestreuen.

**1 Orangen schälen**

*Die Orangen bis ins Fruchtfleisch schälen.*

**2 Stücke markieren**

*Auf der glatt gestrichenen Sahne 12 Kuchensegmente markieren.*

**3 Verzieren**

*Die Orangenstücke so verteilen, dass die Schnittmarkierungen frei bleiben.*

exotisch | gelingt leicht

# Mango-Kumquat-Kuchen

FÜR 1 BACKBLECH
(12 STÜCK)

➤ 150 g Magerquark
6 EL Öl | 160 g Zucker
300 g Mehl
(+ etwas zum Ausrollen)
3 gestr. TL Backpulver
6 Kumquats (50 g)
1 Mango | 4 Eier
100 g saure Sahne
2 EL Orangenlikör
(nach Belieben)

🕐 Zubereitung: 50 Min.
🕐 Backzeit: 30 Min.
➤ Pro Stück: ca. 245 kcal

1 | Den Ofen auf 180° vorheizen. Quark, Öl und 80 g Zucker verrühren. Mehl und Backpulver mischen, dazugeben. Alles verkneten. Ein Blech mit Backpapier belegen. Den Teig mit wenig Mehl darauf ausrollen und im heißen Ofen (Mitte, Umluft 160°) knapp 15 Min. vorbacken.

2 | Die Kumquats waschen, in dünne Scheiben schneiden, entkernen. Mango schälen, in Spalten vom Kern lösen und in Stückchen schneiden.

3 | Eier trennen. Eigelbe mit restlichem Zucker schaumig rühren. Saure Sahne, Früchte und Likör unterrühren. Die Eiweiße steif schlagen, unterheben. Creme auf dem Teig verteilen, den Kuchen in weiteren 15 Min. fertig backen.

frisch am besten

# Grapefruitkuchen mit Joghurtcreme

FÜR 1 SPRINGFORM VON
28 CM Ø (16 STÜCK)

➤ 175 g Mehl
3 TL abgeriebene Zitronenschale
100 g gemahlene Mandeln
170 g Zucker
200 g kalte Butter
(+ etwas für die Form)
1 Ei
8 Blatt weiße Gelatine
3 rosa Grapefruits
350 g Vanillejoghurt
200 g Sahne

🕐 Zubereitung: 50 Min.
🕐 Kühlzeit: 2 Std. 50 Min.
🕐 Backzeit: 20 Min.
➤ Pro Stück: ca. 285 kcal

1 | Mehl, 2 TL Zitronenschale, Mandeln und 120 g Zucker mischen und auf die Arbeitsfläche geben. Die Butter in Stücken darauf geben, alles mit einem großen Messer hacken. Das Ei untermengen und alles rasch zu einem Teig verkneten. Den Teig 20 Min. kalt stellen. Den Backofen auf 200° vorheizen.

2 | Den Teig zwischen Frischhaltefolie ausrollen, in die gefettete Form legen, mehrmals einstechen und im Ofen (Mitte, Umluft 180°) in etwa 20 Min. hellbraun backen.

3 | Inzwischen die Gelatine einweichen. 2 Grapefruits auspressen, den Saft mit dem restlichen Zucker, Joghurt und restlicher Zitronenschale verrühren. Die Gelatine ausdrücken, auflösen und unterrühren. Die Masse für etwa 30 Min. kalt stellen.

4 | Die Sahne steif schlagen und unter die Joghurtcreme ziehen. Auf dem Kuchenboden verteilen. Den Kuchen für 2 Std. kalt stellen.

5 | Übrige Grapefruit bis ins Fruchtfleisch schälen und filetieren. Den Kuchen mit den Filets dekorieren.

für Gäste

# Sternfrucht-Erd-beer-Kuchen

FÜR 1 SPRINGFORM VON
26 CM Ø (12 STÜCK)

➤ 40 g Butter
  (+ etwas für die Form)
  4 Eier | 130 g Zucker
  80 g gemahlene Mandeln
  50 g Mehl
  (+ etwas für die Form)
  6 Blatt weiße Gelatine
  250 g Erdbeeren
  250 g Quark (20 % Fett)
  250 g Sahne
  1 Sternfrucht (Karambole)

🕐 Zubereitung: 30 Min.
🕐 Backzeit: ca. 25 Min.
🕐 Kühlzeit: 1 Std. 20 Min.
➤ Pro Stück: ca. 250 kcal

1 | Butter zerlassen. Die Form fetten und mehlen. Den Ofen auf 190° vorheizen. Eier mit 100 g Zucker sehr schaumig rühren. Mandeln und Mehl locker unterheben, abgekühlte Butter unterziehen. Den Teig in die Form streichen, im Ofen (Mitte, Umluft 170°) 20–25 Min. backen.

2 | Gelatine einweichen. Erdbeeren waschen, putzen und 200 g davon mit Quark und 20-30 g Zucker pürieren. Tropfnasse Gelatine in 2 EL Püree erhitzen, unter das übrige Püree rühren. Die Sahne steif schlagen und unterheben. Die Masse 20 Min. kühl stellen, bis sie zu gelieren beginnt.

3 | Die Sternfrucht in Scheiben schneiden. Einen Torten-ring um den Kuchenboden legen, den Erdbeer-Sahne-quark darauf verstreichen. Die Sternfruchtscheiben da-rauf legen und mit dem restli-chen Zucker bestreuen. Den Kuchen mit den Erdbeeren verzieren; 1 Std. kühl stellen.

Klassiker auf neue Art

# Keks-Käse-kuchen

FÜR 1 SPRINGFORM VON
26 CM Ø

➤ 300 g Butterkekse
  90 g zerlassene Butter
  (+ etwas für die Form)
  1 unbehandelte Zitrone
  200 g Doppelrahm-Frischkäse
  400 g saure Sahne
  3 Eier | 110 g Zucker
  1 Mango | 3 Kiwis
  1 Pck. klarer Tortenguss

🕐 Zubereitung: 45 Min.
🕐 Backzeit: 1 Std.
🕐 Auskühlzeit: ca. 2 Std.
➤ Pro Stück: ca. 325 kcal

1 | Den Springformboden mit Backpapier auslegen, den Rand fetten. Den Ofen auf 200° vorheizen. Kekse fein zerkrümeln, mit Butter und 3 EL Wasser mischen. Auf den Springformboden drücken.

2 | Von der Zitrone die Hälfte der Schale abreiben, die Frucht auspressen. Frisch-käse, saure Sahne, Eier, 100 g Zucker und Zitronenschale verrühren, auf den Keksbo-den geben. Im Ofen (unten, Umluft 180°) 1 Std. backen. Nach 30 Min. mit Backpapier abdecken. Vor dem Servieren 1–2 Std. abkühlen lassen.

3 | Die Mango schälen, das Fruchtfleisch in Spalten vom Stein schneiden. Kiwis schälen, quer in Scheiben schneiden, halbieren. Früchte auf dem Boden verteilen. Den Zitronensaft mit Wasser auf 1/4 l auffüllen, mit restlichem Zucker und Tortengusspulver den Guss zubereiten. Über den Früchten verteilen und fest werden lassen.

*im Bild vorne:* **Keks-Käsekuchen**    *im Bild hinten:* **Sternfrucht-Erdbeer-Kuchen** ➤

# Teilchen und Co.

Was wäre ein Kuchenbüfett ohne Küchlein und gebackene Teilchen? Und was bietet sich für einen kleinen Haushalt Besseres an, als kleine Küchlein zu backen, statt tagelang an ein und demselben Kuchen herumzuknabbern oder gar auf den süßen Genuss aus dem Ofen ganz zu verzichten? Manche der in diesem Kapitel vorgestellten süßen Teilchen kann man außerdem gut mitnehmen und aus der Hand essen. Andere sind einfach ein leckerer süßer Happen für zwischendurch, der frisch am besten schmeckt.

# Blitzrezepte

## Heidelbeer-Muffins

FÜR 1 MUFFINBLECH (12 STÜCK)

➤ 200 g frische Heidelbeeren | 175 g Weizen-Vollkornmehl | 40 g zarte Haferflocken | 2 1/2 TL Backpulver | 2 Eier 120 g Zucker | 200 g Joghurt | 5 EL Milch | 80 ml neutrales Öl (+ etwas für das Blech) | Und: 12 Papierförmchen für das Muffinblech

1 | In jede Vertiefung des Muffinblechs ein Papierförmchen setzen. Heidelbeeren verlesen. Mehl, Haferflocken und Backpulver mischen. Eier, Zucker, Joghurt, Milch und Öl verquirlen. Die Mischung rasch mit dem Mehl verrühren.

2 | Jede Mulde zu etwa zwei Dritteln mit Teig füllen. Beeren darauf verteilen. Die Muffins im heißen Ofen (180°, Mitte; Umluft 160°)30 Min. backen.

## Birnen-Beeren-Kissen

FÜR 6 STÜCK

➤ 6 TK-Blätterteigquadrate (je 45 g) 150 g rote Johannisbeeren | 1 kleine Birne | 50 g Marzipanrohmasse 1 verquirltes Ei | 2 EL Zucker

1 | Blätterteig auftauen lassen. Die Beeren waschen und von den Stielen streifen. Birne schälen und klein schneiden. Teigränder mit Wasser bestreichen, etwas einschlagen und festdrücken. Die Scheiben auf das mit Backpapier belegte Blech heben.

2 | Marzipan grob auf die Scheiben innerhalb des Rands raspeln. Beeren und Birnen darauf verteilen. Teigränder mit Ei bestreichen. Im Ofen (200°, Mitte; Umluft 180°) 25-30 Min. backen, mit Zucker bestreuen.

## Klassiker | fettarm
# Aprikosen-taschen

FÜR 16 STÜCK

➤ 250 g Mehl
(+ etwas zum Ausrollen)
1 TL Backpulver | 2 Eier
250 g Magerquark
4 EL neutrales Öl
80 g Zucker
250 g Aprikosen
3 EL Erdbeermarmelade
1 TL Zitronensaft
50 g gemahlene Mandeln

🕐 Zubereitung: 1 Std.
🕐 Backzeit: ca. 30 Min.
➤ Pro Stück: ca. 150 kcal

1 | Mehl mit Backpulver vermischen; in die Mitte eine Mulde drücken. 1 Ei trennen, Eiweiß beiseite stellen. Eigelb, Quark, Öl und Zucker zum Mehl geben, alles gut verkneten. 30 Min. ruhen lassen.

2 | Den Ofen auf 200° vorheizen. Die Aprikosen waschen, entsteinen und klein schneiden, mit Marmelade, Zitronensaft und Mandeln mischen.

3 | Den Teig auf wenig Mehl auf etwa 30 x 60 cm ausrollen und 16 Kreise von 12 cm Ø ausstechen. Die Ränder mit verquirltem Eiweiß bestreichen, jeweils etwas Fülle in die Mitte geben, die Kreise zusammenklappen und die Ränder zusammendrücken.

4 | Die Aprikosentaschen auf ein mit Backpapier belegtes Blech legen. Das übrige Ei verquirlen und die Taschen damit bestreichen. Im Backofen (Mitte, Umluft 180°) 25–30 Min. backen.

## zum Mitnehmen
# Apfel-Reis-Küchlein

FÜR 18 STÜCK

➤ 175 g Rundkornreis
(Milchreis)
400 ml Milch | 1 Prise Salz
3 EL Rosinen (40 g)
1 EL Rum (nach Belieben)
1 unbehandelte Zitrone
3 Äpfel (375 g)
2 Eier | 75 g Zucker
60 g weiche Butter
(+ etwas für die Förmchen)
36 Papierförmchen

🕐 Zubereitung: 1 Std.
🕐 Backzeit: ca. 40 Min.
➤ Pro Stück: ca. 120 kcal

1 | Den Reis mit der Milch und dem Salz aufkochen, bei schwacher Hitze 15–20 Min. zugedeckt ausquellen, dann etwa 10 Min. abkühlen lassen.

2 | Inzwischen die Rosinen im Rum einweichen. Von der Zitrone 1–2 TL Schale abreiben und die Frucht auspressen. Die Äpfel schälen und klein schneiden; mit 2 EL Zitronensaft mischen.

3 | Den Ofen auf 200° vorheizen. Die Eier trennen, Eiweiße steif schlagen. Eigelbe, Zucker und Butter in Stückchen sehr schaumig schlagen. Die Reismasse nach und nach von Hand unterrühren. Die Zitronenschale, Äpfel und Rosinen untermengen, den Eischnee unterheben.

4 | Je zwei Papierförmchen ineinander setzen (insgesamt 18 doppelte Förmchen) und mit zerlassener Butter fetten. Die Apfel-Reis-Masse in die Förmchen füllen. Oben jeweils einen kleinen Rand frei lassen. Die Küchlein im heißen Backofen (unten bzw. 2. Schiene von unten, Umluft 180°) in etwa 30–40 Min. goldbraun backen.

*im Bild vorne:* **Apfel-Reis-Küchlein**  *im Bild hinten:* **Aprikosentaschen** ➤

macht was her | für Gäste

# Zwetschgen-Quark-Kolatschen

FÜR 16 STÜCK

➤ **250 g Mehl (+ etwas für die Arbeitsfläche)**
**100 g Zucker**
**1/4 Würfel Hefe**
**etwa 75 ml Milch**
**40 g Butter**
**6 Platten TK-Blätterteig (je 10 x 20 cm)**
**400 g Zwetschgen**
**150 g Quark (20 % Fett)**
**2 Eigelbe**
**abgeriebene Schale von 1/2 unbehandelten Zitrone**
**1 Eigelb zum Bestreichen**

🕐 Zubereitung: 2 Std.
🕐 Backzeit: 30 Min.
➤ Pro Stück: ca. 200 kcal

1 | Aus dem Mehl, 50 g Zucker, der Hefe, Milch und 20 g zerlassener Butter einen Hefeteig zubereiten (s. S. 29) und 30 Min. gehen lassen. Ein Blech mit Backpapier belegen.

2 | Blätterteigplatten antauen lassen. Hefeteig auf wenig Mehl auf 20 x 35 cm ausrollen. Eine Blätterteigplatte darauf legen (s. Step), den Hefeteig darüber klappen. Eine zweite Blätterteigplatte darauf legen (s. Step), den Hefeteig wieder darüber schlagen.

3 | Teigpaket 10 Min. kühl stellen, wieder auf 20 x 35 cm ausrollen, mit zwei weiteren Blätterteigplatten belegen, kühl stellen. Den Vorgang ein drittes Mal wiederholen, den Teig nochmals kühl stellen.

4 | Den Teig auf 36 x 36 cm ausrollen, 15 Min. kühl stellen. Den Ofen auf 200° vorheizen. Zwetschgen waschen, entsteinen, längs vierteln. Die übrige Butter zerlassen und mit dem Quark verrühren. 2 Eigelbe, den restlichen Zucker und die Zitronenschale unterrühren.

5 | Den Teig in 16 Quadrate schneiden. Jeweils in die Mitte etwas von der Quarkmasse geben und die Zwetschgenviertel darauf verteilen. Teigecken nach innen schlagen, Kolatschen auf das Blech setzen, mit dem übrigen verquirlten Eigelb bestreichen. Im Ofen (Mitte, Umluft 180°) etwa 30 Min. backen.

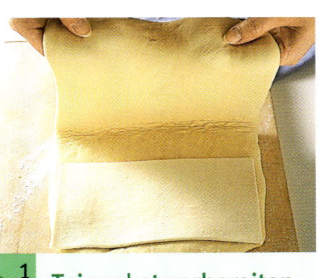

**1** ▶ **Teigpaket vorbereiten**
*Den Hefeteig über die erste Blätterteigplatte klappen.*

**2** ▶ **Teigpaket vorbereiten**
*Die zweite Blätterteigplatte auf den Teig legen.*

**3** ▶ **Teigpaket ausrollen**
*Das erste Teigpaket ausrollen.*

frisch am besten
# Windbeutel mit Brombeersahne

FÜR 18 STÜCK

➤ 150 g Mehl
  50 g Butter
  1 Prise Salz
  1 EL Zucker
  4 Eier (Größe L)
  evtl. 1 Msp. Backpulver
  180 g Brombeeren
  (ersatzweise Himbeeren)
  50 g weiße Kuvertüre
  200 g sehr kalte Sahne
  Puderzucker zum Besieben

🕐 Zubereitung: 40 Min.
🕐 Backzeit: ca. 30 Min.
➤ Pro Stück: ca. 95 kcal

1 | Das Mehl sieben. Genau 1/4 l Wasser mit Butter, Salz und Zucker in einem schmalen Topf zum Kochen bringen, dann sofort vom Herd nehmen. (Die Herdplatte angeschaltet lassen.)

2 | Den Ofen auf 200° Umluft vorheizen. (Ober-/Unterhitze ist hier nicht praktikabel.) Das Mehl auf einmal in die noch kochend heiße Flüssigkeit schütten und mit dem Kochlöffel glatt rühren. Den Topf zurück auf die Kochstelle setzen und kräftig weiterrühren, bis sich die Teigmasse als Kloß vom Topfboden löst und sich unten eine weiße Teighaut anlegt. Den Topf sofort vom Herd nehmen. (Die Platte nun ausschalten.)

3 | 1 Ei mit den Knethaken des Rührgeräts unter die Teigmasse mischen. Teig wieder vollständig glatt rühren, bevor das nächste Ei zugegeben wird. Auf diese Weise alle Eier untermengen. Den Teig einige Minuten abkühlen lassen.

4 | Zwei Backbleche mit Backpapier belegen. Der abgekühlte Teig sollte glatt und glänzend aussehen und so vom Löffel reißen, dass lange Spitzen daran hängen bleiben. Falls der Teig etwas zu fest ist, 1 Msp. gesiebtes Backpulver unterrühren.

5 | Mit zwei Esslöffeln Teighäufchen von etwa 4 cm Ø in weitem Abstand auf die Bleche setzen. Beide Bleche in den Ofen schieben, die Windbeutel 20-25 Min. backen.

6 | Die Brombeeren verlesen und waschen. Die Kuvertüre im heißen Wasserbad schmelzen und etwa 15 Min. abkühlen lassen (sie sollte gerade noch flüssig sein). Dann die Sahne sehr steif schlagen, die Kuvertüre löffelweise unterrühren. Zuletzt die Brombeeren unterheben. Brombeer-Schoko-Sahne kühl stellen.

7 | Nach dem Ende der Backzeit für die Windbeutel den Ofen abschalten und das Gebäck bei leicht geöffneter Backofentür noch etwa 5 Min. nachbacken lassen. Die Windbeutel mit einer Küchenschere noch heiß aufschneiden, 10 Min. auskühlen lassen.

8 | Die Windbeutel mit der Brombeer-Schoko-Sahne füllen, mit Puderzucker besieben und möglichst sofort servieren.

**frisch am besten**

# Trauben-Stracciatella-Törtchen

FÜR 16 STÜCK

➤ 450 g TK-Blätterteig
  500 g kernlose helle Weintrauben | 1 Eigelb
  1 Pck. Stracciatella-Creme-Pulver | 250 ml Milch

🕐 Zubereitung: 1 Std. 15 Min.
🕐 Backzeit: 15 Min.
➤ Pro Stück: ca. 160 kcal

1 | Teigscheiben 10 Min. antauen lassen. Ofen auf 200° Umluft vorheizen (Ober-/Unterhitze ist nicht praktikabel). Die Trauben waschen.

2 | Die Teigscheiben an den Rändern mit kaltem Wasser bestreichen, leicht überlappend auf etwa 2 mm Dicke ausrollen, Kreise von 10 cm Ø ausstechen. Teigreste zusammenklopfen, nochmals ausrollen und wieder Kreise ausstechen, insgesamt 16.

3 | Teigkreise auf zwei mit Backpapier belegte Bleche setzen, in jedes mittig einen Kreis von 8–9 cm Ø ritzen. Eigelb mit etwas Wasser ver-

quirlen, die äußeren Ringe damit so bestreichen, dass nichts über den Rand und in den Schnitt läuft.

4 | Die Törtchen im Ofen 15 Min. backen. Noch warm die inneren Teigkreise herauslösen – dabei darauf achten, dass der Boden ausreichend dick bleibt. Die Törtchen 10-15 Min. abkühlen lassen.

5 | Stracciatella-Creme mit der Milch nach Packungsanweisung zubereiten und kalt stellen. Auf den abgekühlten Törtchen verteilen und die Trauben obenauf setzen.

**ohne Ei | ohne Backen**

# Kokos-Knuspertörtchen

FÜR 8 TÖRTCHEN VON ETWA 8 CM Ø

➤ 200 g Zartbitter-Kuvertüre | 100 g Butter
  100 g grobe Haferflocken
  75 g Cornflakes
  4 Blatt Gelatine
  1 Dose Ananas in Stücken (netto 335 g) | 1 Kiwi
  200 ml Kokosmilch
  1 geh. EL Puderzucker
  200 g Sahne

🕐 Zubereitung: 1 Std.
🕐 Kühlzeit: 2 Std.
➤ Pro Stück: ca. 430 kcal

1 | Kuvertüre und Butter im heißen Wasserbad schmelzen. 8 Untertassen mit Frischhaltefolie belegen. Haferflocken ohne Fett anrösten. Cornflakes leicht zerstoßen, mit der Kuvertüre untermischen. Auf den Untertassen zu Kreisen von etwa 8 cm Ø verstreichen; 2 Std. kalt stellen.

2 | Gegen Ende der Kühlzeit die Gelatine einweichen. Ananas abtropfen lassen. Kiwi schälen, in Scheiben schneiden, diese vierteln.

3 | Gelatine ausdrücken, unter Erwärmen auflösen und 2 EL Kokosmilch unterrühren. Mit dem Puderzucker unter die restliche Kokosmilch rühren. 5 Min. ins Gefrierfach stellen. Die Sahne steif schlagen und unter die gelierende Kokosmilch ziehen. Weitere 5 Min. ins Gefrierfach stellen.

4 | Die Knusperböden von der Folie heben und mit Kokoscreme bestreichen. Ananas- und Kiwistücke darauf verteilen.

# Obst-Saisonkalender

## Obstkuchen auch in der kalten Jahreszeit?

**JANUAR**

1. **Einheimisches Obst:** Äpfel (Lagerware), Birnen (Lagerware)
2. **Importware:** Äpfel, Bananen, Birnen, Melonen, Nekta-rinen, Pfirsiche, Weintrauben
3. **Kuchen des Monats:** Mango-Kumquat-Kuchen (S. 44); Grapefruitkuchen mit Joghurtcreme (S.44), Kokos-Knuspertörtchen (S. 56)

**FEBRUAR**

1. **Einheimisches Obst:** Äpfel (Lagerware), Birnen (Lagerware)
2. **Importware:** Äpfel, Bananen, Birnen, Melonen, Nektarinen, Pfirsiche, Weintrauben
3. **Kuchen des Monats:** Birnenkuchen (S. 18), Melonen-Quark-Kuchen (S. 36), Orangen-Sahne-Biskuit (S. 43)

## Sommerzeit ist Beerenzeit –

**MAI**

1. **Einheimisches Obst:** Äpfel (Lagerware), Erdbeeren, Rhabarber, Süßkirschen
2. **Importware:** Äpfel, Bananen, Birnen, Melonen, Weintrauben
3. **Kuchen des Monats:** Apfel-Reis-Küchlein (S. 50), Rhabarber-Erdbeer-Kuchen mit Baiser(S. 24), Obst-Pizza (S. 29), Sternfrucht-Erdbeer-Kuchen (S. 46)

**JUNI**

1. **Einheimisches Obst:** Aprikosen, Erdbeeren, Himbeeren, Johannisbeeren, Rhabarber, Sauerkirschen, Stachelbeeren, Süßkirschen
2. **Importware:** Äpfel, Bananen, Birnen, Melonen, Nektarinen, Pfirsiche, Weintrauben, Zwetschgen
3. **Kuchen des Monats:** Erdbeerkuchen mit Limettencreme (S. 21), Himbeer-Nektarinen-Schnitten (S.26), Stachelbeer-Gugelhupf (S.39)

## Traube, Nuss und Mandelkern –

**SEPTEMBER**

1. **Einheimisches Obst:** Äpfel, Birnen, Brombeeren, Erdbeeren, Heidelbeeren, Himbeeren, Zwetschgen
2. **Importware:** Aprikosen, Bananen, Melonen, Nektarinen, Pfirsiche, Weintrauben
3. **Kuchen des Monats:** Zwetschgenkuchen nach Linzer Art (S. 14), Apfel-Quark-Kuchen (S. 18), Buchweizenbiskuit mit Himbeercreme (S. 34)

**OKTOBER**

1. **Einheimisches Obst:** Äpfel, Birnen, Brombeeren, Heidelbeeren, Weintrauben, Zwetschgen
2. **Importware:** Bananen, Erdbeeren, Melonen, Nektarinen, Pfirsiche
3. **Kuchen des Monats:** Birnenkuchen (S. 18), Heidelbeer-Muffins (S. 49), Zwetschgen-Quark-Kolatschen (S. 53)

## Klar, mit Exoten und Südfrüchten!

**MÄRZ**

1. **Einheimisches Obst:** Äpfel (Lagerware), Birnen (Lagerware)
2. **Importware:** Äpfel, Bananen, Birnen, Melonen, Weintrauben
3. **Kuchen des Monats:** Bananen-Apfel-Kuchen (S. 33), Melonen-Quark-Kuchen (S. 36), Physalis-Sahne-Kuchen (S. 41), Trauben-Stracciatella-Törtchen (S. 56)

**APRIL**

1. **Einheimisches Obst:** Äpfel (Lagerware), Rhabarber
2. **Importware:** Äpfel, Bananen, Birnen, Erdbeeren, Melonen, Weintrauben
3. **Kuchen des Monats:** Pfirsichkuchen (S. 13), Birnenkucher (S. 18), Rhabarber-Tarte (S. 39)

## ist Kuchenzeit!

**JULI**

1. **Einheimisches Obst:** Äpfel, Aprikosen, Birnen, Brombeeren, Erdbeeren, Heidelbeeren, Himbeeren, Johannisbeeren, Sauerkirschen, Stachelbeeren, Süßkirschen, Zwetschgen
2. **Importware:** Bananen, Melonen, Nektarinen, Pfirsiche, Weintrauben
3. **Kuchen des Monats:** Johannisbeer-Baiser-Kuchen (S. 14), Buttermilchkuchen (S. 23), Erdbeer-Calzone (S. 29)

**AUGUST**

1. **Einheimisches Obst:** Äpfel, Aprikosen, Birnen, Brombeeren, Erdbeeren, Heidelbeeren, Himbeeren, Johannisbeeren, Zwetschgen
2. **Importware:** Bananen, Melonen, Nektarinen, Pfirsiche, Weintrauben
3. **Kuchen des Monats:** Pfirsich-Heidelbeer-Kuchen (S. 24); Aprikosentaschen (S. 50), Windbeutel mit Brombeersahne (S. 54)

## die haben auch Obstkuchen gern!

**NOVEMBER**

1. **Einheimisches Obst:** Äpfel (Lagerware), Birnen (Lagerware)
2. **Importware:** Äpfel, Bananen, Birnen, Erdbeeren, Melonen, Nektarinen, Pfirsiche, Weintrauben
3. **Kuchen des Monats:** Schoko-Kirsch-Kuchen (S. 33), Bananen-Apfel-Kuchen (S. 33), Trauben-Nuss-Kuchen (S. 31)

**DEZEMBER**

1. **Einheimisches Obst:** Äpfel (Lagerware), Birnen (Lagerware)
2. **Importware:** Äpfel, Bananen, Birnen, Erdbeeren, Melonen, Nektarinen, Pfirsiche, Weintrauben
3. **Kuchen des Monats:** Dunkler Ananaskuchen (S. 41), Keks-Käsekuchen (S. 46), Trauben-Stracciatella-Törtchen (S. 56)

## Die Autorin

**Claudia Schmidt** arbeitet als selbstständige Ökotrophologin in München. Ihr Arbeitsspektrum reicht von der Verbraucheraufklärung und Multiplikatorenschulung bis zum Verfassen und Lektorieren von Koch- und Ernährungssachbüchern. Hauptthemen sind qualitativ hochwertige Lebensmittel, gesundes Essen sowie die gesunde und schmackhafte Alltagsküche.

## Der Fotograf

**Michael Brauner** arbeitete nach Abschluss der Fotoschule in Berlin als Fotoassistent bei namhaften Fotografen in Frankreich und Deutschland und machte sich 1984 selbstständig. Sein individueller, atmosphärenreicher Stil wird überall geschätzt: in der Werbung ebenso wie in vielen bekannten Verlagen. In seinem Studio in Karlsruhe setzt er Rezepte zahlreicher GU-Titel stimmungsvoll ins Bild.

**Hinweis**

Die Temperaturstufen bei Gasherden variieren von Hersteller zu Hersteller. Welche Stufe Ihres Herdes der jeweils angegebenen Temperatur entspricht, entnehmen Sie bitte der Gebrauchsanweisung.

## Bildnachweis

Jörn Rynio: Titelfoto; Teubner Foodfoto: S. 4, 5 (Bilder 1, 2, 3), 8, 9 (rechts oben), 10, 11; Stockfood: S. 5 (Bild 4), S. 9 (links unten). Alle anderen: Michael Brauner

Redaktionsleitung: Birgit Rademacker
Redaktion und Lektorat: Alessandra Redies
Korrektorat: Susanne Elbert
Satz: Design-Typo-Print GmbH, Ismaning
Layout, Typografie und Umschlaggestaltung: independent medien-Design, München
Herstellung: Maike Harmeier
Reproduktion: Appl, Wemding
Druck: Appl, Wemding
Bindung: Sellier, Freising

ISBN 3-7742-4884-2

Auflage    5.    4.    3.    2.
Jahr    2006    05    04

## Das Original mit Garantie

Ihre Meinung ist uns wichtig. Deshalb möchten wir Ihre Kritik, gerne aber auch Ihr Lob erfahren. Um als führender Ratgeberverlag für Sie noch besser zu werden. Darum: Schreiben Sie uns! Wir freuen uns auf Ihre Post und wünschen Ihnen viel Spaß mit Ihrem GU-Ratgeber.

Unsere Garantie: Sollte ein GU-Ratgeber einmal einen Fehler enthalten, schicken Sie uns das Buch mit einem kleinen Hinweis und der Quittung innerhalb von sechs Monaten nach dem Kauf zurück. Wir tauschen Ihnen den GU-Ratgeber gegen einen anderen zum gleichen oder ähnlichen Thema um.

GRÄFE UND UNZER VERLAG
Redaktion Kochen
Postfach 86 03 25
81630 München
Fax: 089/41981-113
e-mail: leserservice@ graefe-und-unzer.de

# GU KÜCHENRATGEBER
*Neue Rezepte für den großen Kochspaß*

*Das macht die GU Küchenratgeber zu etwas Besonderem:*

➤ *Rezepte mit maximal 10 Hauptzutaten*
➤ *Blitzrezepte in jedem Kapitel*
➤ *alle Rezepte getestet*
➤ *Geling-Garantie durch die 10 GU-Erfolgstipps*

Gutgemacht. Gutgelaunt.

### GENAU LESEN

➤ Lesen Sie sich die Rezepte vor der Zubereitung genau durch. So können Sie alle Zutaten bereitstellen und berücksichtigen, ob sie kühlschrankkalt oder zimmerwarm sein müssen. Außerdem sind Sie dann schon so vertraut mit dem Rezept, dass Sie Fehler vermeiden (z. B. wenn nur ein Teil einer Zutat im Teig benötigt wird, und der andere Teil erst im Belag).

## Geling-Garantie für Obstkuchen

### BACKPAPIER AUSLEGEN

➤ So legen Sie einen Springformboden mit Backpapier aus (wird z. B. bei Biskuitteigen benötigt): Ein ausreichend großes rechteckiges Stück Backpapier zwischen Boden und Rand der Springform einklemmen und die überstehenden Ränder abschneiden.

### BACKOFEN

➤ Optimale Backergebnisse erhalten Sie nur, wenn Sie Ihren Backofen gut kennen: Wie lange braucht er zum Vorheizen usw. Wenn Sie einen neuen Ofen haben, sollten Sie ihn immer erst mit einfachen Backrezepten testen, damit Sie später mit anspruchsvolleren keine bösen Überraschungen erleben.

### FRISCHE FRÜCHTE

➤ Offen auf einem Kuchen liegende angeschnittene Früchte bleiben länger frisch, wenn Sie sie vor dem Servieren mit Zuckerwasser bepinseln. Und bei einem Obstkuchen, der nicht auf ein Mal gegessen wird, bietet es sich an, die Früchte zu aprikotieren (s. S. 6) oder mit einem Tortenguss zu überziehen.